AF219177

Impressum
Verlag: BABADADA GmbH, Nedderfeld 112 , 22529 Hamburg
Geschäftsführer / Verlagsleitung: Harald Hof
Druck: Books on Demand GmbH, In de Tarpen 42, 22848 Norderstedt

Imprint
Publisher: BABADADA GmbH, Nedderfeld 112 , 22529 Hamburg, Germany
Managing Director / Publishing direction: Harald Hof
Print: Books on Demand GmbH, In de Tarpen 42, 22848 Norderstedt

school

اسکول

klaslokaal
کمرہ جماعت
delen
تقسیم کریں
186/2
bord
بورڈ
leerkracht
اُستاد
speelplaats
سکول کا صحن
papier
کاغذ
schrijven
لکھنا
pen
قلم
bureau
میز
liniaal
پیمانہ
boek
کتاب
leerling
شاگرد

schooltas

بستہ

pennenzak

پینسل کیس

potlood

پینسل

puntenslijper

پینسل شارپنر

gom

ربڑ

tekenblok

ڈرائنگ پیڈ

tekening

ڈرائنگ

verfborstel

پینٹ برش

verfdoos

پینٹ باکس

schaar

قینچی

lijm

گوند

werkboek

مشق کی کاپی

huiswerk

ہوم ورک

nummer

ہندسہ

optellen

جمع کریں

aftrekken

منفی کریں

vermenigvuldigen

ضرب دیں

rekenen

شمار کریں

letter

خط

alfabet

حروف تہجی

woord

لفظ

tekst

متن

Lezen

پڑھنا

krijt

چاک

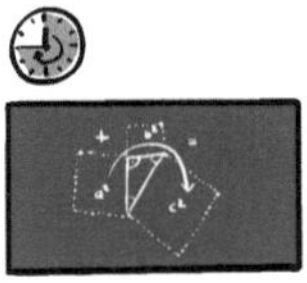

les

سبق

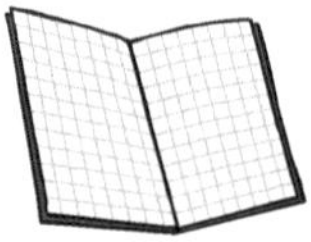

klassenboek

اندراج

examen

امتحان

certificaat

سند

schooluniform

سکول یونیفارم

onderwijs

تعلیم

encyclopedie

انسائیکلوپیڈیا

universiteit

یونیورسٹی

microscoop

خورد بین

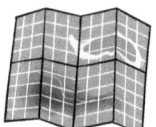

kaart

نقشہ

papiermand

ویسٹ پیپر باسکٹ

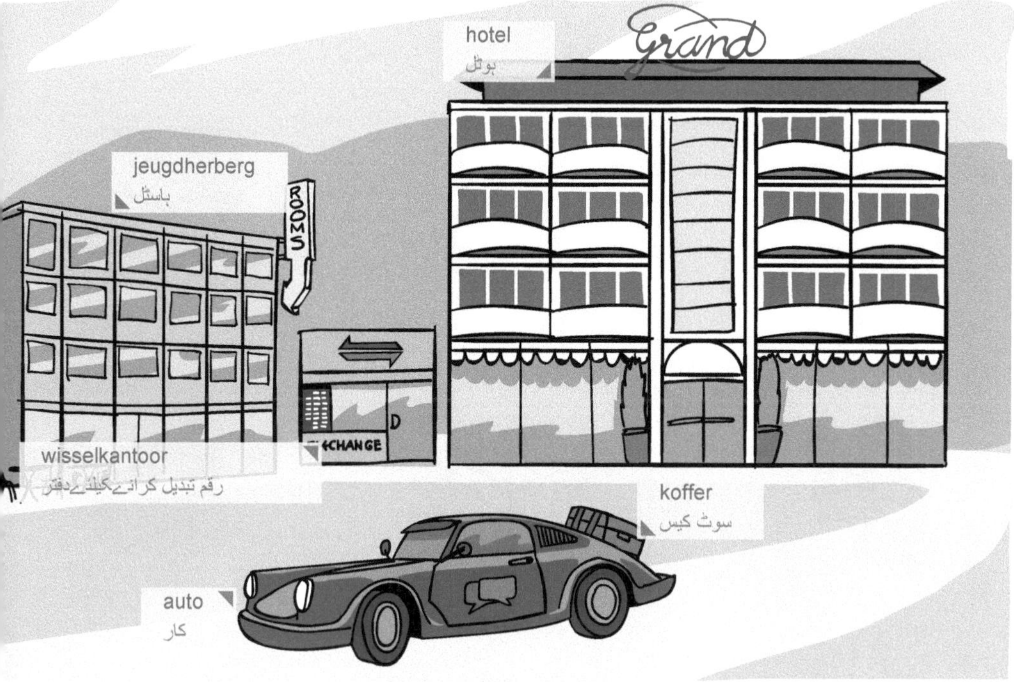

hotel
ہوٹل
Grand
jeugdherberg
ہاسٹل
ROOMS
wisselkantoor
رقم تبدیل کرانے کیلئے دفتر
EXCHANGE
koffer
سوٹ کیس
auto
کار

Taal

زبان

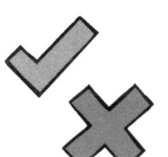

ja / nee

ہاں / نہیں

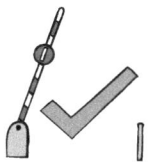

oké

ٹھیک ہے

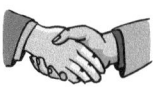

hallo

ہیلو

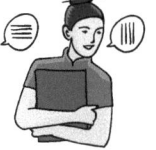

vertaler

مُترجم

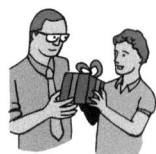

bedankt

شُکریہ

Hoeveel kost …?

۔۔۔ کی کیا قیمت ہے؟

Ik begrijp het niet

میں نہیں سمجھتا

probleem

مشکل

Goedenavond!

شام بخیر!

Goedemorgen!

صبح بخیر!

Goedenavond!

شب بخیر!

Tot ziens

الوداع

richting

سمت

bagage

سفری سامان

zak

بیگ

rugzak

بیگ پیک

gast

مہمان

kamer

کمرہ

slaapzak

سلیپنگ بیگ

tent

ٹینٹ

toeristeninformatie

سیاحوں کے لئے معلومات

strand

ساحل

kredietkaart

کریڈٹ کارڈ

ontbijt

ناشتہ

lunch

لنچ

avondeten

ڈنر

ticket

ٹکٹ

lift

لفٹ

postzegel

مُہر

grens

سرحد

douane

کسٹمز

ambassade

سفارت خانہ

visum

ویزا

paspoort

پاسپورٹ

transport
نقل وحمل

vliegtuig
ہوائی جہاز
schip
سمندری جہاز
brandweerwagen
آگ بُجھانےوالی گاڑی
bus
بس
vrachtwagen
ٹرک
motorboot
موٹربوٹ
fiets
سائیکل
auto
کار

veerboot
....
فیری

boot
....
کشتی

motor
....
موٹرسائیکل

politiewagen
....
پولیس کار

racewagen
....
ریسنگ کار

huurauto
....
کرایہ پرکار

carpoolen

کارکا اشتراک کرنا

sleepwagen

کھینچنےوالا ٹرک

vuilniswagen

کوڑے والا ٹرک

motor

کار

benzine

ایندھن

benzinestation

پٹرول اسٹیشن

verkeersbord

ٹریفک کےنشانات

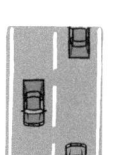

verkeer

ٹریفک

file

ٹریفک جام

parkeerplaats

کارپارک

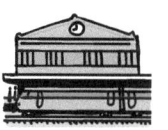

station

ٹرین اسٹیشن

sporen

پٹڑیاں

trein

ٹرین

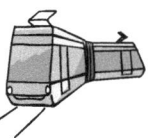

tram

ٹرام

wagon

ویگن

helikopter

ہیلی کاپٹر

luchthaven

ائرپورٹ

toren

ٹاور

passagier

مسافر

container

کنٹینر

karton

ڈبہ

kar

ریڑھا

mand

ٹوکری

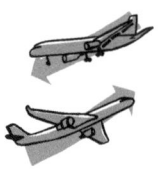

opstijgen / landen

اُڑان بھرنا / زمین پراُترنا

stad

شہر

dorp

گاؤں

stadscentrum

سٹی سنٹر

huis

مکان

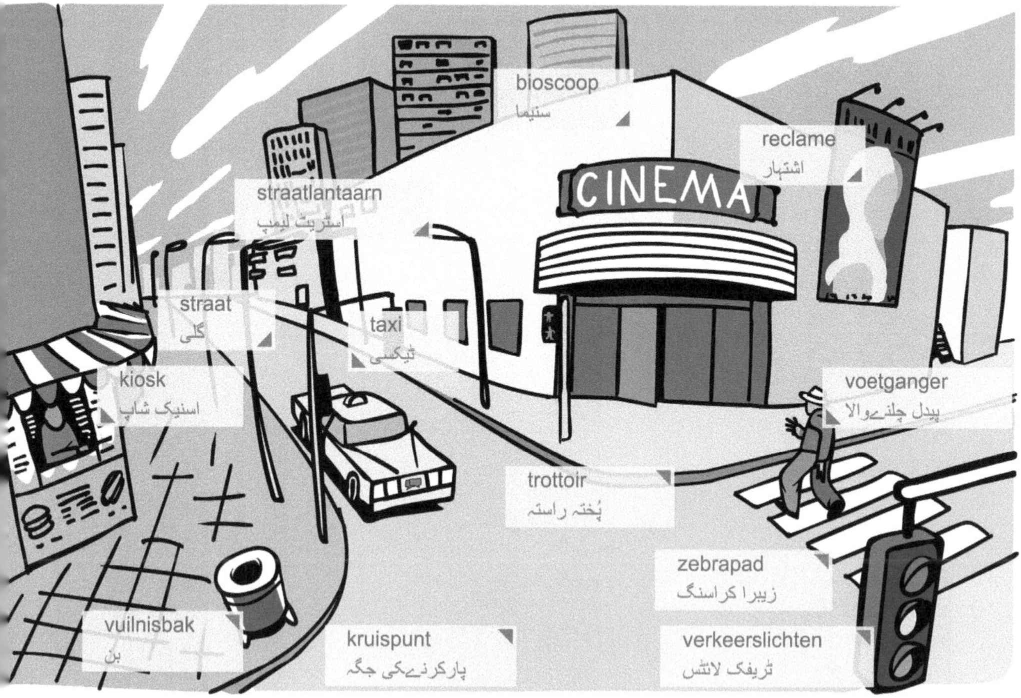
bioscoop
سنیما
reclame
اشتہار
CINEMA
straatlantaarn
اسٹریٹ لیمپ
straat
گلی
taxi
ٹیکسی
kiosk
اسنیک شاپ
voetganger
پیدل چلنے والا
trottoir
پُختہ راستہ
zebrapad
زیبرا کراسنگ
vuilnisbak
بن
kruispunt
پارکرنے کی جگہ
verkeerslichten
ٹریفک لائٹس

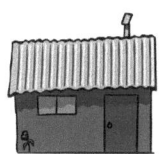

hut

ہٹ

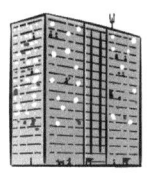

woning

فلیٹ

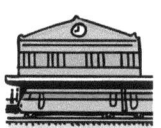

station

ٹرین اسٹیشن

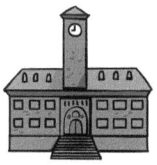

stadshuis

ٹاؤن ہال

MUSEUM

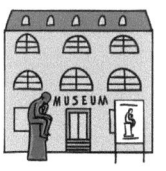

museum

عجائب گھر

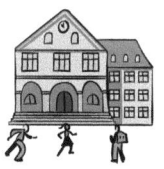

school

اسکول

universiteit

یونیورسٹی

bank

بینک

ziekenhuis

ہسپتال

hotel

ہوٹل

apotheek

فارمیسی

kantoor

دفتر

boekwinkel

کتابوں کی دکان

winkel

دکان

bloemenwinkel

پھولوں کی دُکان

supermarkt

سُپرمارکیٹ

markt

مارکیٹ

warenhuis

ڈیپارٹمنٹ سٹور

vishandelaar

مچھلی کی دُکان

winkelcentrum

شاپنگ سنٹر

haven

بندرگاہ

park

پارک

bank

بنچ

brug

پُل

trap

سیڑھیاں

metro

انڈرگراؤنڈ

tunnel

سرُنگ

bushalte

بس اسٹاپ

bar

شراب خانہ

restaurant

ریسٹورنٹ

brievenbus

پوسٹ باکس

straatnaambord

اسٹریٹ سائن

parkeermeter

پارکنگ میٹر

zoo

چڑیا گھر

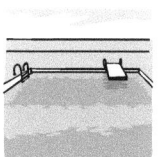

zwembad

سوئمنگ پول

moskee

مسجد

boerderij

....

کھیت

milieuverontreiniging

....

آلودگی

kerkhof

....

قبرستان

kerk

....

چرچ

speelplaats

....

کھیل کا میدان

tempel

....

مندر

landscape

منظر

blad
پتہ
wegwijzer
رہنمائی کے لئے لگا ہوا بورڈ
weg
راستہ
weide
سبزہ زار
steen
پتھر
boom
درخت
wandelaar
پیدل چلنے والا، ہائکر
rivier
دریا
gras
گھاس
bloem
پھول

vallei

وادی

heuvel

پہاڑی

meer

جھیل

bos

جنگل

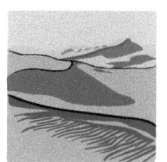

woestijn

صحرا

vulkaan

آتش فشاں

kasteel

قلعہ

regenboog

قوس قزح

paddenstoel

کھمبی

palmboom

کجھور کا درخت

mug

مچھر

vlieg

مکھی

mier

چیونٹی

bijl

مکھی

spin

مکڑا

kever

بھونرا

kikker

مینڈک

eekhoorn

گلہری

egel

خارپُشت

haas

خرگوش

uil

اُلو

vogel

پرندہ

zwaan

راج ہنس

wild zwijn

سؤر

hert

ہرن

eland

امریکی بارہ سنگھا

dam

ڈیم

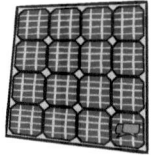

windturbine

ہوا سے چلنے والی ٹربائین

zonnepaneel

سولر پینل

klimaat

آب وہوا

restaurant
ریسٹورنٹ

ober
ویٹر
menu
مینیو
stoel
soep
سوپ
pizza
پیزا
tafelkleed
ٹیبل کلاتہ
bestek
کٹلری

voorgerecht

اسٹارٹر

hoofdgerecht

مین کورس

nagerecht

ڈیزرٹ

drankjes

مشروبات

eten

کھانےکی اشیاء

fles

بوتل

fastfood

فاسٹ فوڈ

street food

اسٹریٹ فوڈ

theepot

چائےدانی

suikerpot

شوگرباکس

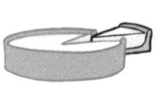

portie

حصہ

espressomachine

ایسپریسو مشین

kinderstoel

اونچی کُرسی

rekening

بل

dienblad

ٹرے

mes

چھُری

vork

کانٹا

lepel

چمچ

theelepel

چائےکا چمچ

serviette

سرویئیٹی

glas

شیشہ

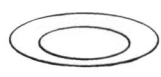

bord
....
پلیٹ

soepbord
....
سوپ پلیٹ

schoteltje
....
طشتری

saus
....
چٹنی

zoutvatje
....
سالٹ شیکر

pepermolen
....
پیپرمل

azijn
....
سرکہ

olie
....
خوردنی تیل

kruiden
....
مصالحے

ketchup
....
کیچپ

mosterd
....
سرسوں

mayonaise
....
میئونیز

supermarkt

سُپرمارکیٹ

aanbieding
خصوصی پیشکش
FOR
klant
گاہک
zuivelproducten
ڈیری
fruit
پھل
winkelwagen
ٹرالی

slagerij

گوشت کی دُکان

bakkerij

بیکری

wegen

وزن کرنا

groenten

سبزیاں

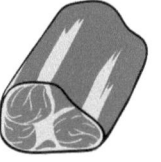

vlees

گوشت

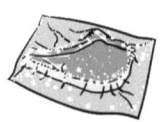

diepvriesvoedsel

جما ہوا کھانا

charcuterie

کولڈ کٹس

conserven

ڈبے میں بند کھانا

waspoeder

واشنگ پاؤڈر

snoep

مٹھائیاں

huishoudproducten

گھریلو مصنوعات

schoonmaakproducten

صاف کرنے کیلئے مصنوعات

verkoopster

سیلزپرسن

kassa

کیش رجسٹر

kassier

کیشئیر

boodschappenlijstje

خریداری کی فہرست

openingstijden

اوقات کار

portefeuille

بٹوہ

kredietkaart

کریڈٹ کارڈ

tas

تھیلا

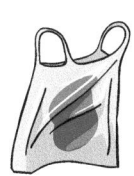

plastieken zakje

پلاسٹک کے تھیلے

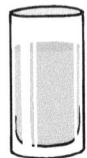

drankjes

مشروبات

water

پانی

sap

جوس، رس

melk

دودھ

cola

کوک

wijn

وائن

bier

بیئر

alcohol

الکوحل

cacao

کوکوآ

thee

چائے

koffie

کافی

espresso

ایسپریسو

cappuccino

کیپاچینو

banaan

کیلا

appel

سیب

sinaasappel

مالٹا

meloen

خربوزہ

citroen

لیموں

wortel

گاجر

knoflook

لہسن

bamboe

بانس

ajuin

پیاز

champignon

کھمبی

noten

اخروٹ، بادام وغیرہ

noodles

نوڈلز

spaghetti

اسپیگیٹی

rijst

چاول

salade

سلاد

frieten

چپس

gebakken aardappelen

تلے گئے آلو

pizza

پیزا

hamburger

ہیم برگر

sandwich

سینڈوچ

kalfslapje

کٹلیٹ

ham

سؤر کی ران کا گوشت

salami

گوشت کی اطالوی ساسیج

worst

ساسیج

kip

مُرغی

braden

روسٹ

vis

مچھلی

کھانے کی اشیاء - eten

havervlokken

جئی کا دلیہ

muesli

میوزلی

cornflakes

کارن فلیکس

bloem

آٹا

croissant

کروئیسنٹ

pistolet

بریڈ رول

brood

بریڈ

toast

ٹوسٹ

koekjes

بسکٹ

boter

مکھن

kwark

دہی

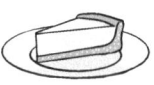

taart

کیک

ei

انڈا

spiegelei

فرائی کیا گیا انڈہ

kaas

پنیر

ijs

آئس کریم

suiker

چینی

honing

شہد

confituur

جام

choco

ناؤگٹ کریم

curry

سالن

boerderij
کھیت

فارم ہاؤس
schuur
کھلیان
strobaal
تنکوں کی گانٹھ
veld
paard
گھوڑا
aanhangwagen
ٹریلر
tractor
ٹریکٹر
veulen
گھوڑے کا بچہ
ezel
گدھا
schaap
بھیڑ
lam
میمنہ

geit
بکری

koe
گائے

kalf
بچھڑا

varken
سؤر

biggetje
سؤر کا بچہ

stier
سانڈ

gans

راج ہنس

eend

بطخ

kuiken

چوزہ

kip

مُرغی

haan

مُرغا

rat

چوہا

kat

بلی

muis

چوہا

os

بیلچہ

hond

کُتا

hondenhok

کُتے کا گھر

tuinslang

گارڈن ہاؤس

gieter

پانی کا کین

zeis

درانتی

ploeg

ہل

sikkel

درانتی

schoffel

بیلچہ

hooivork

ترنگل

bijl

کلہاڑا

kruiwagen

ہتہ گاڑی

trog

حوض

melkkan

دودھ کا کین

zak

تھیلا

hek

باڑ

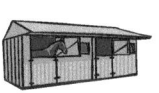

stal

اصطبل

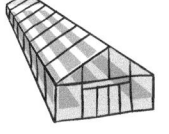

broeikas

گرین ہاؤس

bodem

مٹی

zaad

بیج

mest

فرٹیلائزر

maaidorser

کمبائن ہارویسٹر

oogsten
....
فصل کاٹنا

oogst
....
فصل کاٹنا

yam
....
افریقی آلو

tarwe
....
گندم

soja
....
سویا

aardappel
....
آلو

maïs
....
مکئی

koolzaad
....
توریا کا تیل

fruitboom
....
پھلداردرخت

maniok
....
کساوا

graan
....
دلیہ

huis
مکان

schoorsteen
چمنی
dak
چھت
regenpijp
نیچے جانے والا پائپ
raam
کھڑکی
garage
گیراج
deurbel
دروازے کی گھنٹی
deur
دروازہ
vuilnisbak
کوڑے کی ٹوکری
brievenbus
لیٹرباکس
tuin
گارڈن

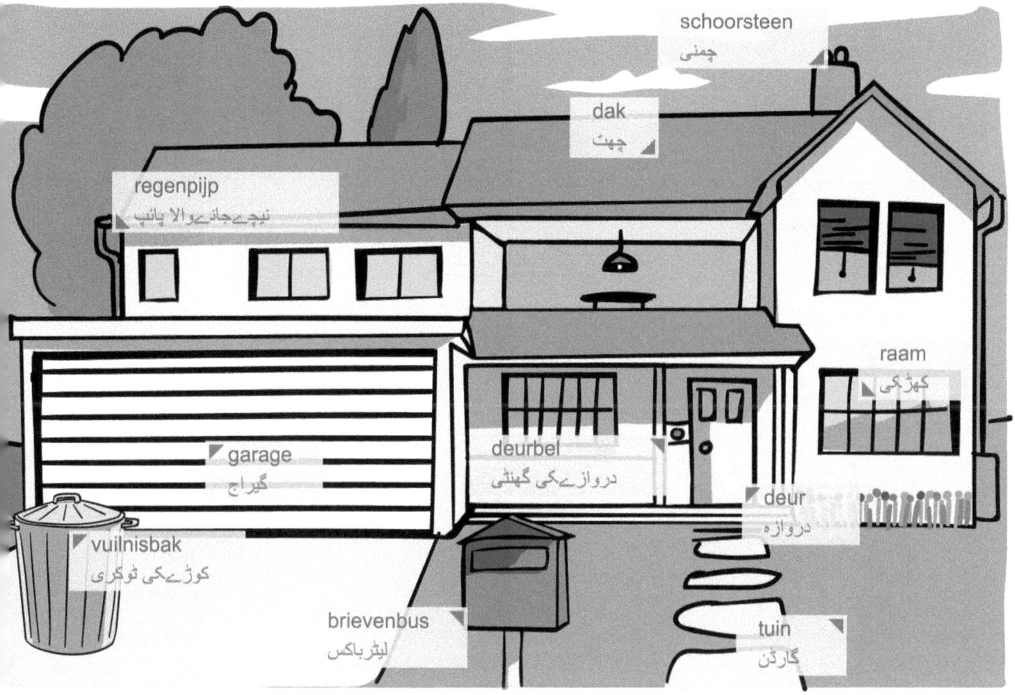

woonkamer

لوونگ روم

badkamer

غُسل خانہ

keuken

باورچی خانہ

slaapkamer

بیڈروم

kinderkamer

بچوں کا کمرہ

eetkamer

کھانے کا کمرہ

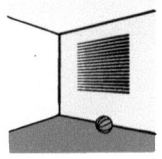

vloer

فرش

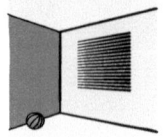

muur

دیوار

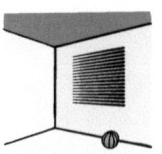

plafond

چھت

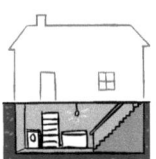

kelder

تہ خانہ

sauna

سوانا

balkon

بالکونی

terras

ٹیریس

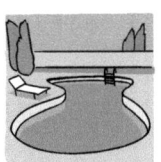

zwembad

پول

grasmaaier

گھاس کاٹنےکی مشین

dekbedovertrek

چادر

dekbed

چادر

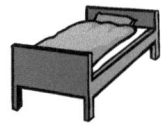

bed

بستر

bezem

جھاڑو

emmer

بالٹی

schakelaar

سوئچ

woonkamer

لوونگ روم

behangpapier
وال پیپر
foto
تصویر
lamp
لیمپ
schap
شیلف
kast
الماری
televisie
ٹیلی ویژن
open haard
آتش دان
bloem
پھول
kussen
کُشن
sofa
صوفہ
vaas
گلدان
afstandsbediening
ریموٹ کنٹرول

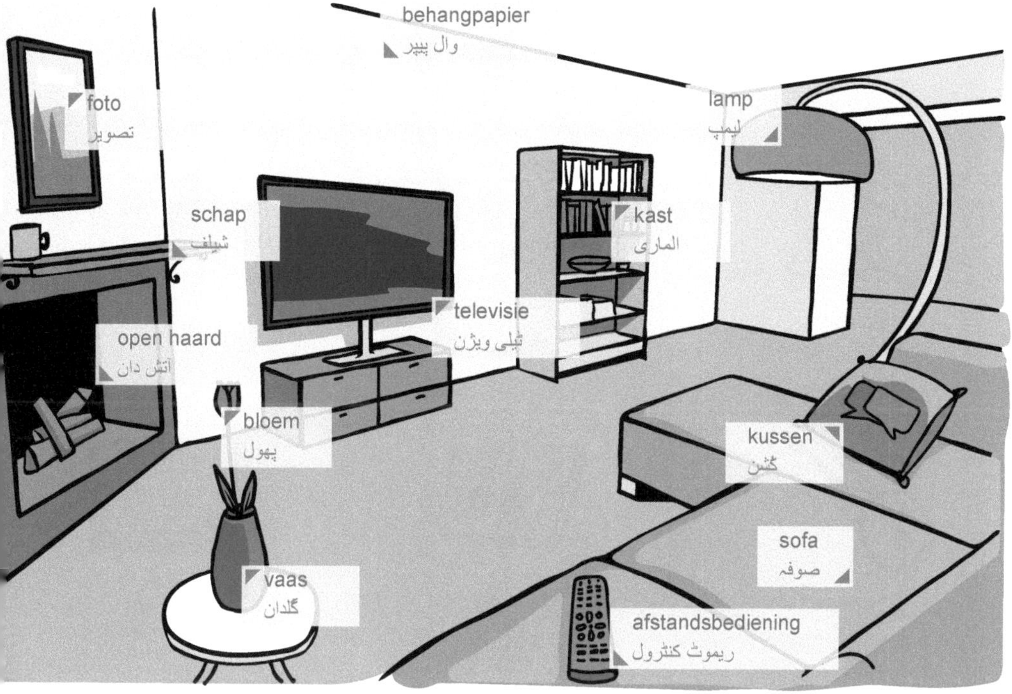

mat

قالین

gordijn

پردے

tafel

میز

stoel

کُرسی

schommelstoel

ہلنے والی کُرسی

fauteuil

آرام کُرسی

boek
....
کتاب

deken
....
کمبل

decoratie
....
آرائش

brandhout
....
جلانےکی لکڑی

film
....
فلم

stereo-installatie
....
ہائی فائی

sleutel
....
چابی

krant
....
اخبار

schilderij
....
پینٹنگ

poster
....
پوسٹر

radio
....
ریڈیو

notitieboekje
....
نوٹ بُک

stofzuiger
....
ویکیوم کلینر

cactus
....
کیکٹس

kaars
....
موم بتی

keuken
باورچی خانہ

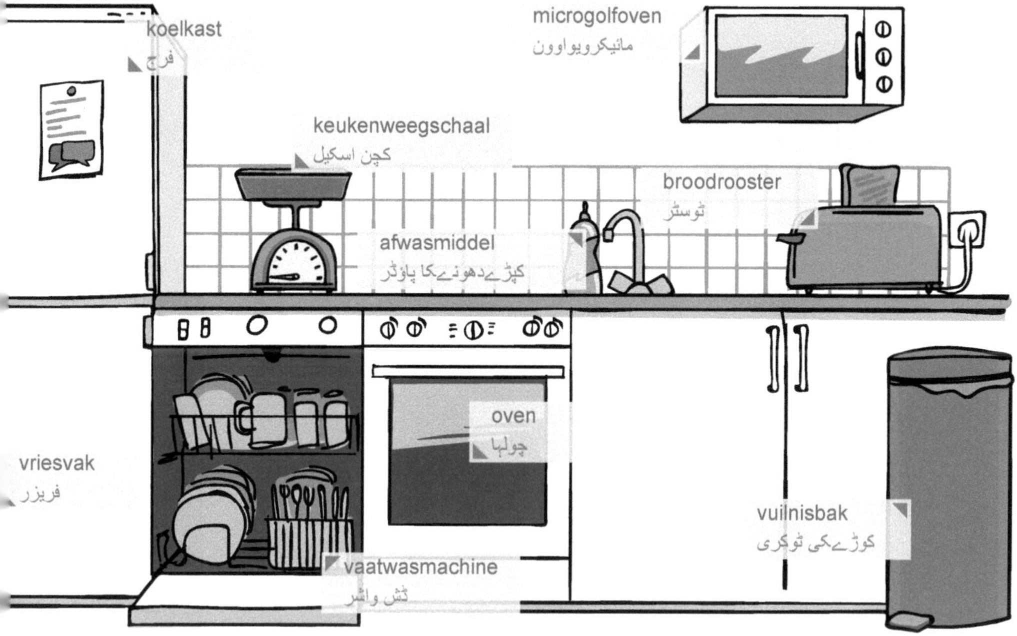

koelkast
فرج
microgolfoven
مائیکروویواوون
keukenweegschaal
کچن اسکیل
broodrooster
ٹوسٹر
afwasmiddel
کپڑے دھونے کا پاؤڈر
oven
چولہا
vriesvak
فریزر
vuilnisbak
کوڑے کی ٹوکری
vaatwasmachine
ڈش واشر

fornuis
....
ککر

pot
....
برتن

gietijzeren pot
....
لوہے کا برتن

wok / kadai
....
کڑاہی

pan
....
برتن

waterkoker
....
کیتلی

stoomkoker

اسٹیمر

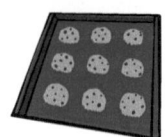

bakplaat

بیکنگ ٹرے

servies

کراکری

mok

مگ

kom

پیالہ

eetstokjes

چاپ اسٹکس

pollepel

ڈوئی

spatel

کفچہ

garde

جھاڑودینا

vergiet

مقطر

zeef

چھلنی

rasp

گریٹر

mortier

کونڈی

barbecue

باربی کیو

haardvuur

کھُلی آگ

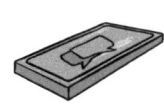

snijplank

چاپنگ بورڈ

deegrol

بیلن

kurkentrekker

کارک اسکریو

blik

کین

blikopener

کین اوپنر

pannenlap

برتن پکڑنے والا کپڑا

gootsteen

سنک

borstel

برش

spons

اسپونج

blender

بلینڈر

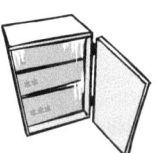

vriezer

ڈیپ فریز

papfles

بچے کی بوتل

kraan

ٹونٹی

badkamer
غُسل خانہ

verwarming
ہیٹنگ
douche
شاور
handdoek
تولیہ
douchegordijn
شاورکرٹن
bubbelbad
ببل باتھ
badkuip
باتھ ٹب
glas
شیشہ
wasmachine
واشنگ مشین
kraan
ٹونٹی
tegels
ٹائلیں
kinderpo
پاٹی
gootsteen
سنک

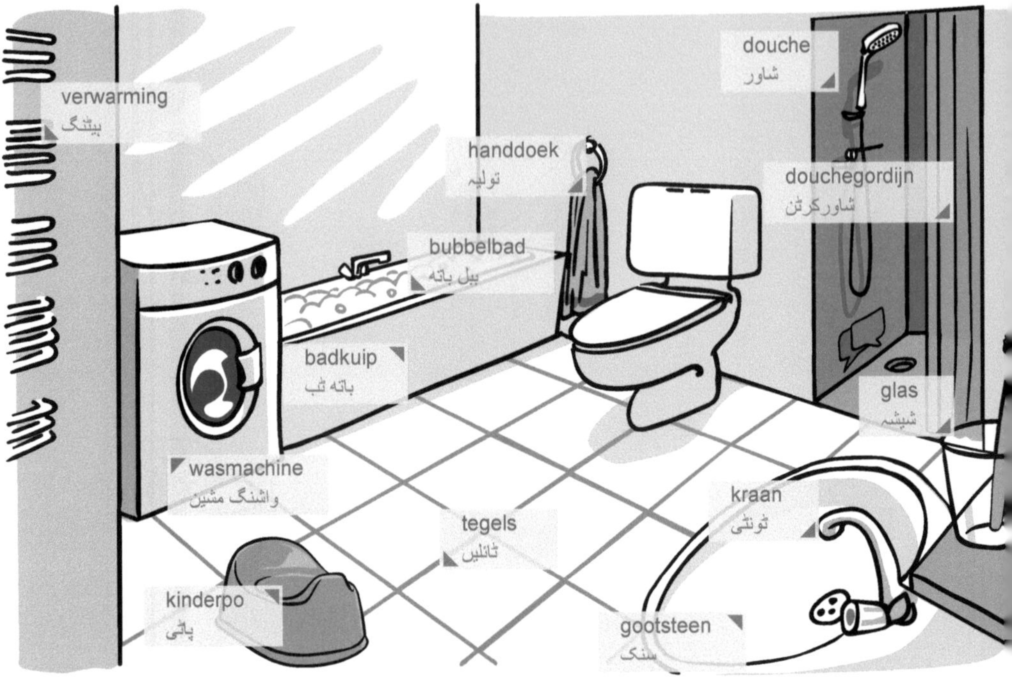

toilet
....
ٹائلٹ

hurktoilet
....
دوزانوں بیٹھنےوالی ٹائلٹ

bidet
....
نچلاحصہ دھونےکیلئےپاٹ

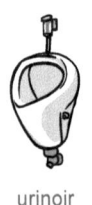

urinoir
....
پیشاب گاہ

toiletpapier
....
ٹائلٹ پیپر

toiletborstel
....
ٹائلٹ برش

tandenborstel

ٹوتھ برش

tandpasta

ٹوتھ پیسٹ

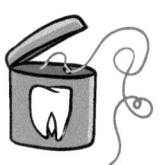

flosdraad

ڈینٹل فلاس

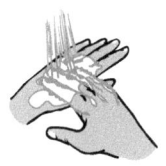

wassen

دھونا

handdouche

ہینڈ شاور

bidethanddouche

شاور

waskom

بیسن

rugborstel

بیک برش

zeep

صابن

douchegel

شاورجل

shampoo

شیمپو

washandje

فلالین

afvoer

ڈرین

crème

کریم

deodorant

ڈیوڈورنٹ

spiegel

آئینہ

handspiegel

ہاتھ میں پکڑا جانے والا آئینہ

scheermes

ریزر

scheerschuim

شیونگ فوم

aftershave

آفٹر شیو

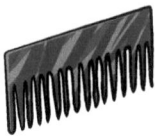

kam

کنگھی

borstel

برش

haardroger

ہیئر ڈرائر

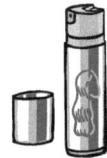

haarlak

ہیئر اسپرے

make-up

میک اپ

lippenstift

لپ اسٹک

nagellak

نیل وارنش

watten

روئی

nagelknipper

ناخن کاٹنے کی قینچی

parfum

پرفیوم

toilettas

واش بیگ

kruk

پاخانہ

weegschaal

وزن کرنے کی مشین

badjas

باتھ روب

latex handschoenen

ربڑ کے دستانے

tampon

ٹیمپون

maandverband

سینیٹری ٹاول

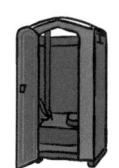

chemisch toilet

کیمیکل ٹائلٹ

kinderkamer

بچوں کا کمرہ

wekker
الارم کلاک
knuffel
speelgoedauto
کھلونا کار
rammelaar
جُھنجھنا
poppenhuis
گڑیا گھر
geschenk
موجود

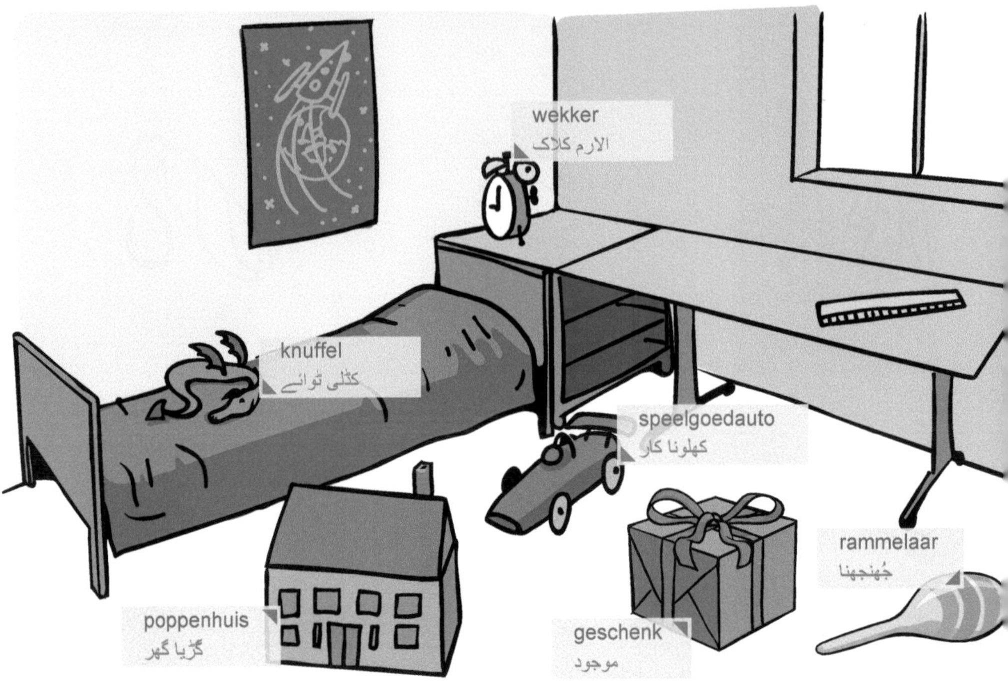

ballon

غبارہ

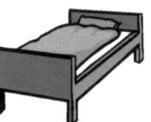

bed

بستر

kinderwagen

پرام

spel kaarten

ڈیک آف کارڈز

puzzel

جگسا

stripboek

کامک

legoblokjes

لیگوبرکس

blokken

کھلونا بلاکس

actiefiguur

ایکشن فگر

kruippakje

بچےکا لباس

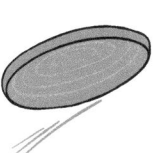

frisbee

فرسبی

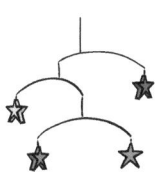

mobiel

کھلونا موبائل

bordspel

بورڈ گیم

dobbelsteen

ڈائس

modelspoorweg

ماڈل ٹرین سیٹ

fopspeen

ڈمی

feest

پارٹی

prentenboek

تصاویروالی کتاب

bal

گیند

pop

گڑیا

spelen

کھیلنا

zandbak

سینڈ پٹ

schommel

جھولا جھولنا

speelgoed

کھلونے

spelconsole

وڈیوگیم کنسول

driewieler

تین پہیوں والی سائیکل

knuffelbeer

ٹیڈی بیئر

kleerkast

کپڑوں کی الماری

kleding

لباس

sokken

موزے

kousen

اسٹاکنگز

maillot

ٹائٹس

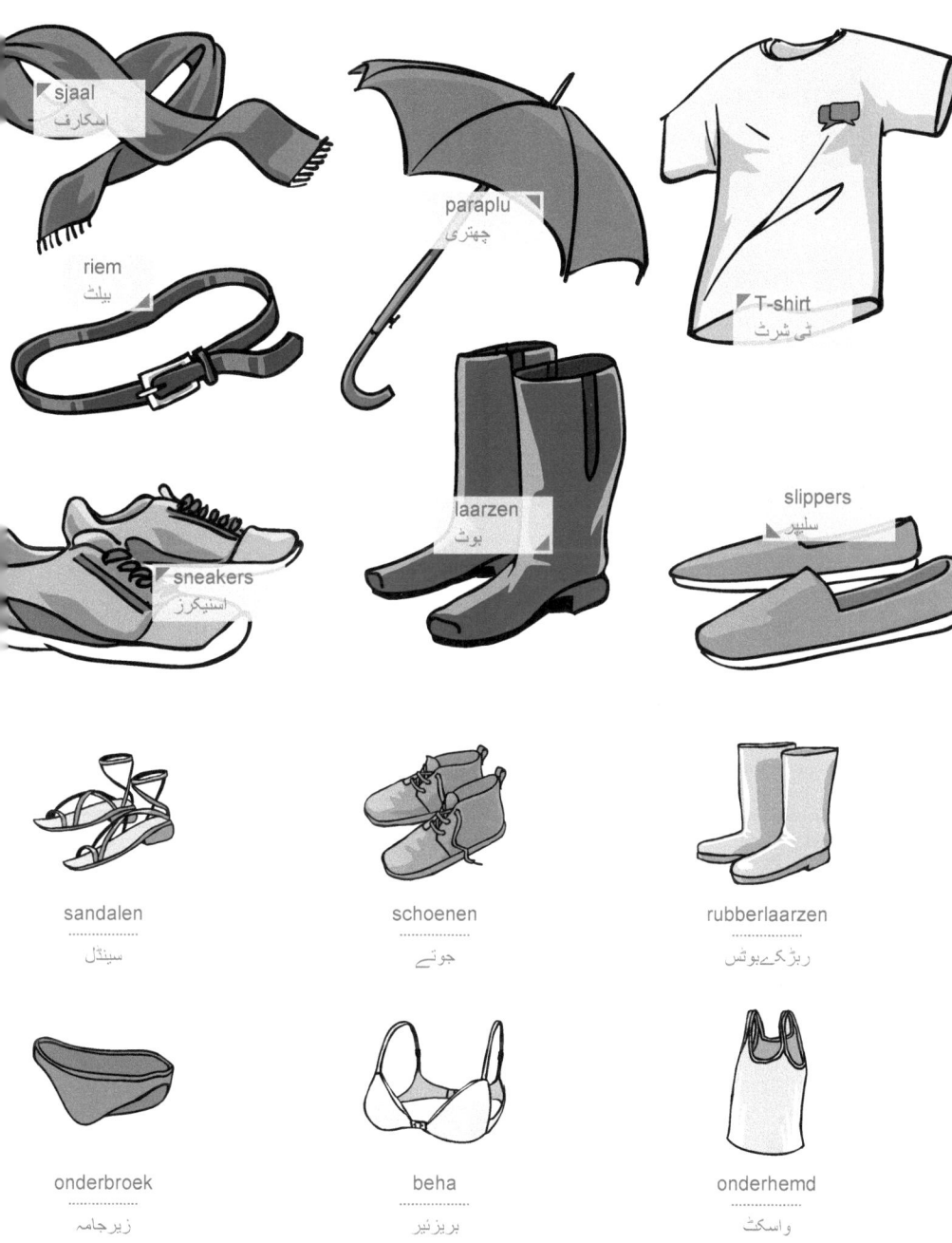

sjaal
اسکارف

paraplu
چھتری

T-shirt
ٹی شرٹ

riem
بیلٹ

laarzen
بوٹ

slippers
سلیپر

sneakers
اسنیکرز

sandalen
·················
سینڈل

schoenen
·················
جوتے

rubberlaarzen
·················
ربڑ کے بوٹس

onderbroek
·················
زیر جامہ

beha
·················
بریزئیر

onderhemd
·················
واسکٹ

lichaam

جسم

broek

پتلون

jeans

جینز

rok

اسکرٹ

blouse

بلاؤز

hemd

قمیض

trui

پُل اوور

capuchontrui

سویٹر

blazer

بلیزر

jas

جیکٹ

jas

کوٹ

regenjas

رین کوٹ

kostuum

کوئی خاص لباس

jurk

لباس

trouwjurk

شادی کا لباس

pak
سوٹ

nachthemd
نائٹ گاؤن

pyjama
پائجامہ

sari
ساڑھی

hoofddoek
سرپرلیا جانےوالا اسکارف

tulband
پگڑی

boerka
بُرقع

kaftan
کفتان

abaya
عبایہ

badpak
تیراکی کا سوٹ

zwembroek
ٹرنک

short
نیکر

trainingspak
ٹریک سوٹ

schort
اپرن

handschoenen
دستانے

knoop

بٹن

bril

عینک

armband

کنگن

ketting

ہار

ring

انگوٹھی

oorbel

کانوں کی بالیاں

pet

ٹوپی

kapstok

کوٹ ہینگر

hoed

ہیٹ

das

ٹائی

rits

زپ

helm

ہیلمٹ

bretellen

بریسز

schooluniform

سکول یونیفارم

uniform

وردی

slabbetje

بب

fopspeen

ڈمی

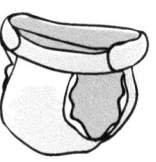

luier

نیپی

kantoor

دفتر

server
سرور
dossierkast
فائلوں کی الماری
printer
پرنٹر
papier
کاغذ
monitor
مانیٹر
bureau
میز
muis
ماؤس
map
فولڈر
toestenbord
کی بورڈ
papiermand
ویسٹ پیپر باسکٹ
computer
کمپیوٹر
stoel
کُرسی

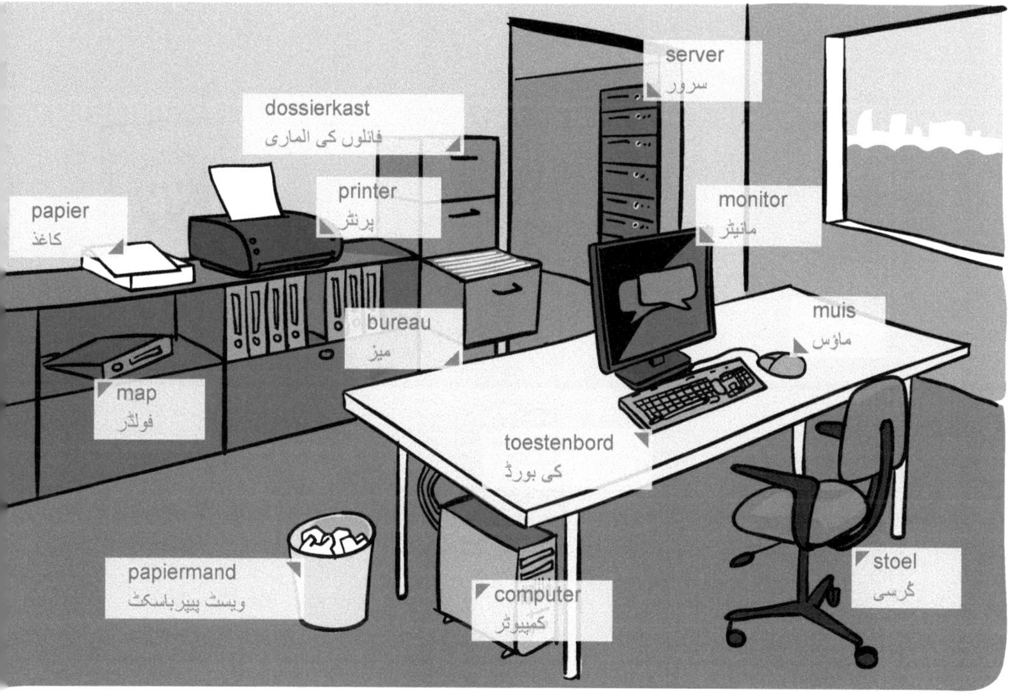

koffiemok

کافی مگ

rekenmachine

کیلکولیٹر

internet

انٹرنیٹ

laptop

لیپ ٹاپ

brief

خط

bericht

پیغام

gsm

موبائل

netwerk

نیٹ ورک

kopieerapparaat

فوٹوکاپئیر

software

سافٹ ویئر

telefoon

ٹیلی فون

stopcontact

پلگ ساکٹ

fax

فیکس مشین

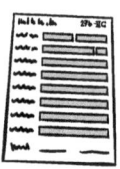

formulier

فارم

document

دستاویز

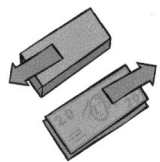

kopen

خریدنا

betalen

ادائیگی کرنا

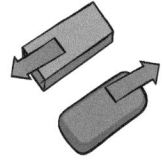

handelen

تجارت کرنا

geld

رقم

dollar

ڈالر

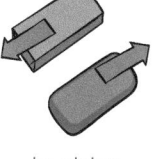

euro

یورو

yen

ین

roebel

روبل

Zwitserse frank

سوئس فرانک

Chinese renminbi

رینمنبی یوآن

roepie

روپیہ

geldautomaat

کیش پوائنٹ

wisselkantoor

رقم تبدیل کرانے کیلئے دفتر

goud

سونا

zilver

چاندی

olie

خام تیل

energie

توانائی

prijs

قیمت

contract

معاہدہ

belasting

ٹیکس

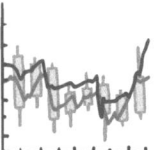

aandeel

اسٹاک

werken

کام کرنا

werknemer

ملازم

werkgever

آجر

fabriek

فیکٹری

winkel

دکان

beroepen

پیشے

politieagent
پولیس افسر
brandweerman
فائرمین
kok
خانساماں، کُک
dokter
ڈاکٹر
piloot
پائلٹ

tuinman

مالی

timmerman

ترکھان

naaister

درزن

rechter

جج

chemicus

کیمسٹ

acteur

اداکار

buschauffeur

بس ڈرائیور

taxichauffeur

ٹیکسی ڈرائیور

visser

مچھیرا

schoonmaakster

صفائی کرنےوالی عورت

dakdekker

چھت بنانےوالا

ober

ویٹر

jager

شکاری

schilder

پینٹر

bakker

بیکر

elektricien

الیکٹریشین

bouwvakker

بلڈر

ingenieur

انجینئیر

slager

قصائی

loodgieter

پلمبر

postbode

ڈاکیا

soldaat

....

سپاہی

architect

....

آرکیٹیکٹ

kassier

....

کیشئیر

bloemist

....

پھول بیچنے والا

kapper

....

نائی

conducteur

....

کنڈکٹر

mecanicien

....

مکینک

kapitein

....

کپتان

tandarts

....

ڈینٹسٹ

wetenschapper

....

سائنسدان

rabbijn

....

یہودی عالم

imam

....

امام

monnik

....

راہب

geestelijke

....

پادری

werktuigen
اوزار

hamer
tang
schroevendraaier
پیچ کس
schroefsleutel
رینچ
zaklamp
ٹارچ

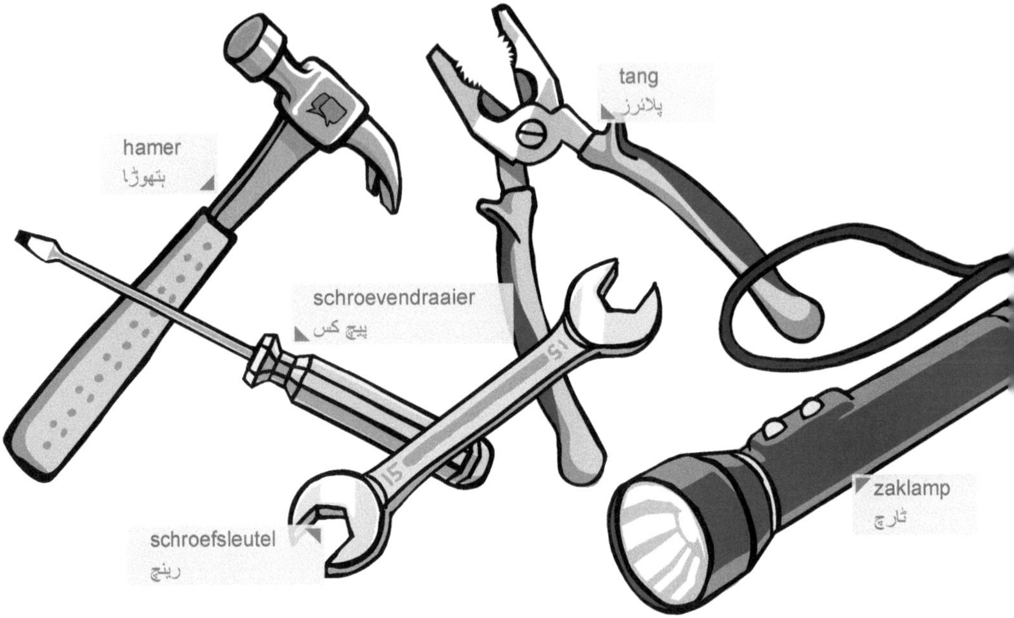

graafmachine
ایکسکویٹر

gereedschapskoffer
ٹول باکس

ladder
سیڑھی

zaag
آری

spijkers
کیل

boormachine
ڈرل

repareren

مرمت کرنا

schop

بیلچہ

Verdomme!

لعنت ہو!

blik

ڈسٹ پین

verfpot

پینٹ پاٹ

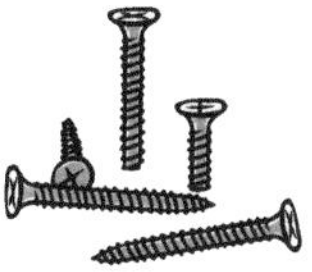

schroeven

پیچ

muziekinstrumenten
آلات موسیقی

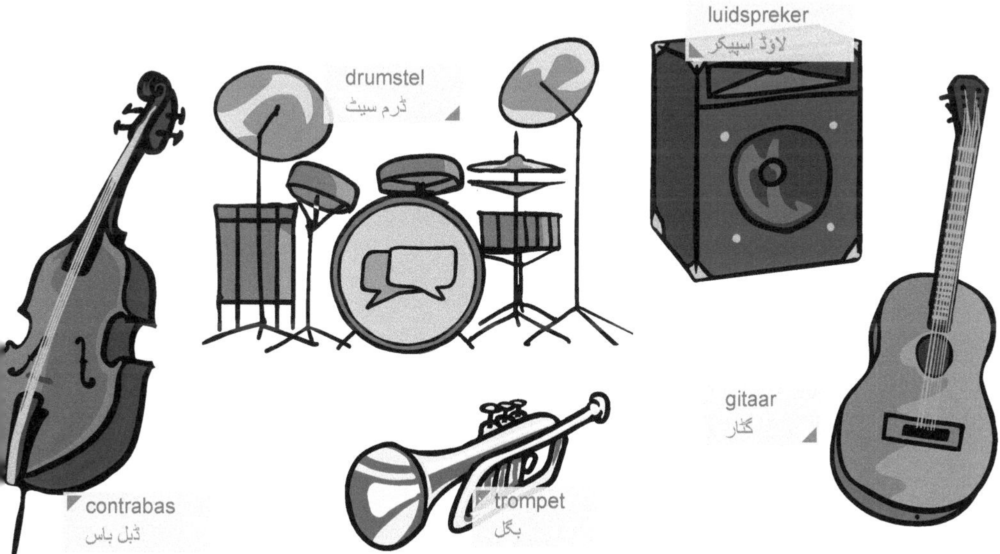

luidspreker

لاؤڈ اسپیکر

drumstel

ڈرم سیٹ

gitaar

گٹار

contrabas

ڈبل باس

trompet

بگل

piano

پیانو

viool

وائلن

basgitaar

موسیقی کی آواز

pauk

ٹمپانی

trommels

ڈھول، ڈرمز

keyboard

کی بورڈ

saxofoon

سیکسوفون

fluit

بانسری

microfoon

مائیکروفون

ZOO

چڑیا گھر

ingang
داخلے کا راستہ
tijger
چیتا
kooi
پنجرہ
zebra
زیبرا
diereneten
جانوروں کا چارہ
panda
پانڈا

dieren

جانور

olifant

ہاتھی

kangoeroe

کینگرو

neushoorn

گینڈا

gorilla

گوریلا

beer

ریچھ

kameel

اونٹ

struisvogel

شُترمُرغ

leeuw

شیر

aap

بندر

flamingo

فلیمنگو

papegaai

طوطا

ijsbeer

قطبی ریچھ

pinguïn

کبوتر

haai

شارک

pauw

مور

slang

سانپ

krokodil

مگرمچھ

dierenverzorger

چڑیا گھر کا محافظ

zeehond

سیل

jaguar

امریکی تیندوا

pony

ٹٹو

luipaard

چیتا

nijlpaard

دریائی گھوڑا

giraffe

زرافہ

adelaar

عقاب

wild zwijn

سؤر

vis

مچھلی

zeeschildpad

کچھوا

walrus

سمندری گھوڑا

vos

لومڑی

gazelle

غزال ہرن

sporten

کھیلیں

rugby
امریکن فٹ بال
wielrennen
سائیکلنگ
tennis
ٹینس
basketbal
باسکٹ بال
zwemmen
پیراکی
boksen
باکسنگ
ijshockey
آئس ہاکی

voetbal
....
فٹ بال

badminton
....
بیڈمنٹن

atletiek
....
اتھلیٹکس

handbal
....
ہینڈ بال

skiën
....
اسکیئنگ

polo
....
پولو

activiteiten
سرگرمیاں

ingen
چھلانگ
knuffelen
گلے لگانا
lachen
ہنسنا
wandelen
چلنا
zingen
گانا
dromen
خواب دیکھنا
bidden
دُعا کرنا
kussen
چُومنا

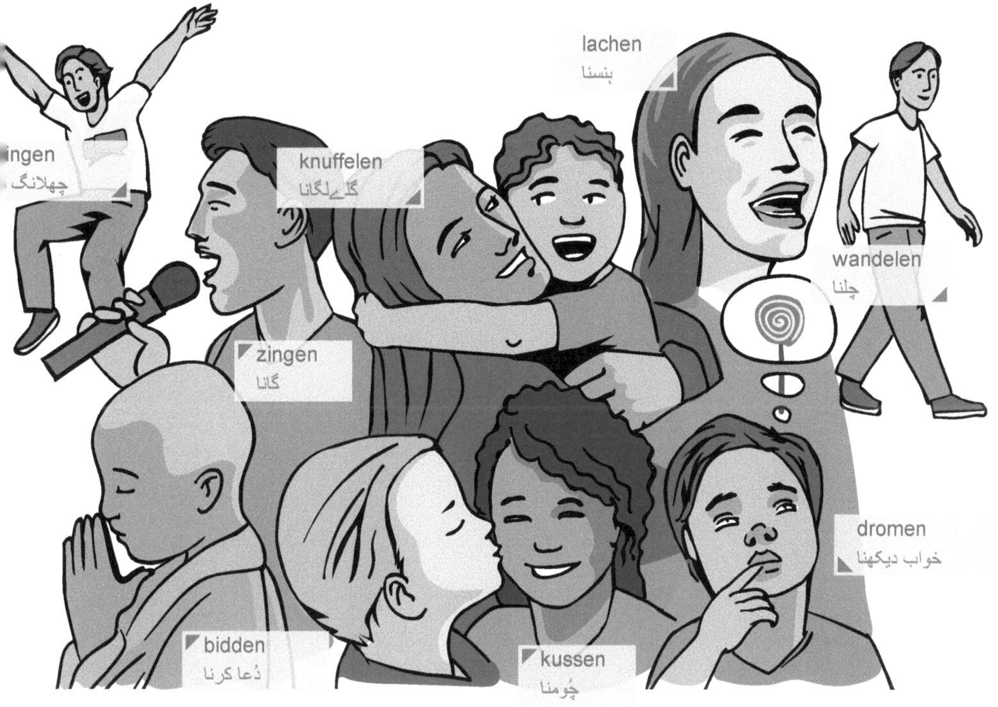

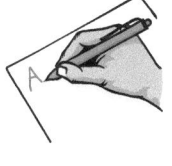

schrijven
لکھنا

tekenen
تصویرکشی کرنا

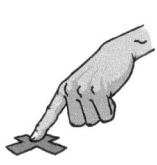

tonen
دکھانا

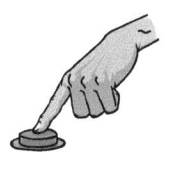

duwen
آگےکی طرف دھکیلنا

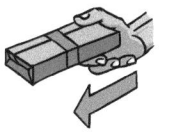

geven
دینا

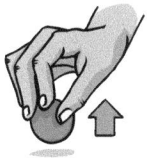

nemen
لینا

hebben

رکھنا

doen

کرنا

zijn

ہونا

staan

کھڑا ہونا

lopen

دوڑنا

trekken

کھینچنا

gooien

پھینکنا

vallen

گرنا

liggen

جھوٹ بولنا

wachten

انتظار کرنا

dragen

اٹھانا

zitten

بیٹھنا

aankleden

ملبوس ہونا

slapen

سونا

ontwaken

جاگنا

kijken naar

دیکھنا

wenen

رونا

aaien

چوٹ لگانا

kammen

کنگھی کرنا

praten

بات کرنا

begrijpen

سمجھنا

vragen

پوچھنا

luisteren

مُتوجہ ہونا

drinken

پینا

eten

کھانا

opruimen

صاف کرنا

houden van

پیار کرنا

koken

پکانا

rijden

گاڑی چلانا

vliegen

اُڑنا

zeilen

بحری سفرکرنا

rekenen

شمارکریں

Lezen

پڑھنا

leren

سیکھنا

werken

کام کرنا

trouwen

شادی کرنا

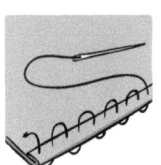

naaien

سینا

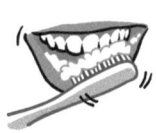

tandenpoetsen

دانت صاف کرنا

doden

جان سےماردینا

roken

تمباکونوشی کرنا

sturen

بھیجنا

familie

خاندان

grootmoeder
دادی
grootvader
دادا
vader
باپ
moeder
ماں
baby
طفل
dochter
بیٹی
zoon
بیٹا

gast

مہمان

tante

چچی

oom

چچا

broer

بھائی

zus

بہن

lichaam

جسم

voorhoofd
ماتھا
oog
schouder
کندھا
vinger
انگلی
gezicht
چہرہ
kin
ٹھوڑی
hand
ہاتھ
borst
چھاتی
been
ٹانگ
arm
بازو

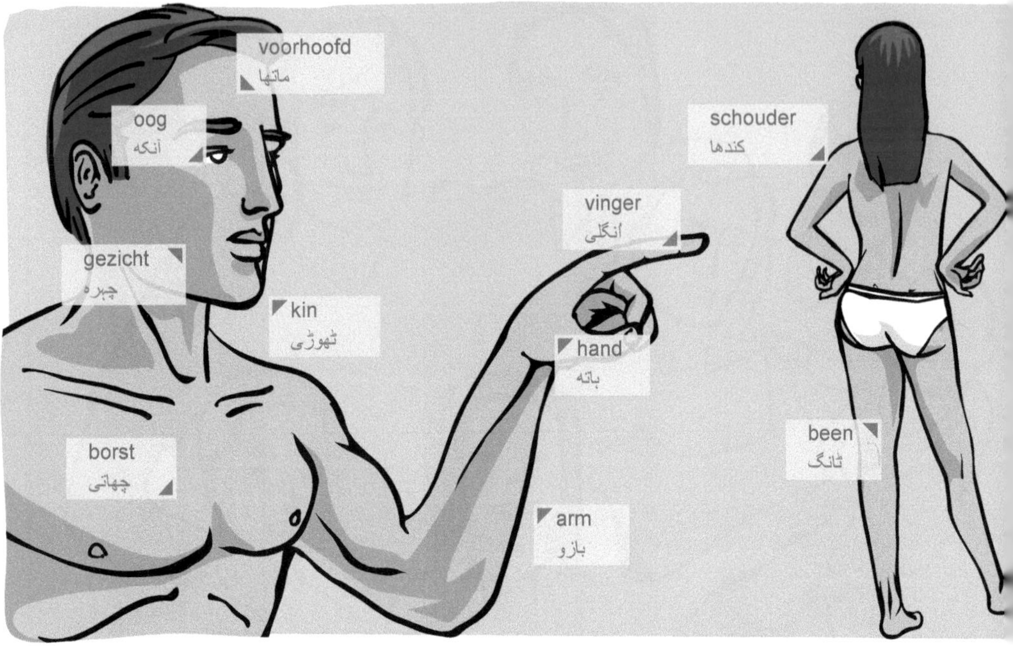

baby
طفل

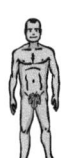

man
آدمی

vrouw
عورت

meisje
لڑکی

jongen
لڑکا

hoofd
سر

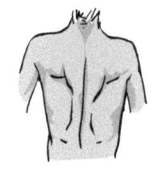

rug

کمر

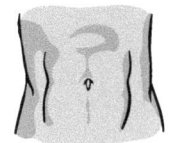

buik

پیٹ

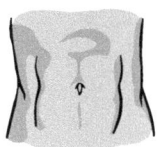

navel

ناف

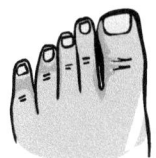

teen

پاؤں کا انگوٹھا

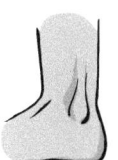

hiel

ایڑھی

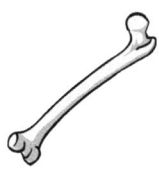

bot

ہڈی

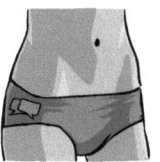

heup

کولہا

knie

گھٹنا

elleboog

کہنی

neus

ناک

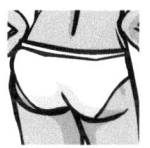

zitvlak

نچلا حصہ

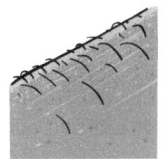

huid

جلد

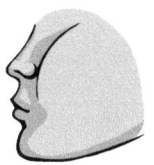

wang

گال

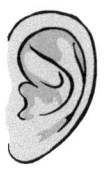

oor

کان

lip

ہونٹ

mond

مُنہ

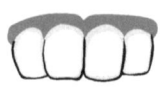

tand

دانت

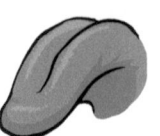

tong

زُبان

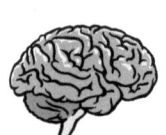

hersenen

دماغ

hart

دل

spier

پٹھہ

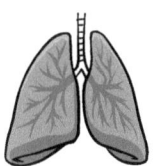

long

پھیپھڑا

lever

جگر

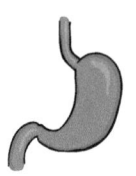

maag

معدہ

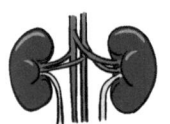

nieren

گردے

seks

جنس

condoom

کنڈوم

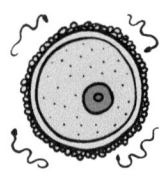

eicel

بیضہ

sperma

مادہ منویہ

zwangerschap

حمل

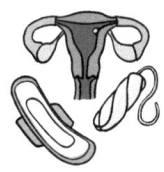

menstruatie

حیض

vagina

اندام نهانی

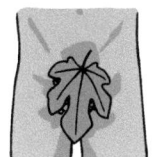

penis

عضو تناسل

wenkbrauw

بهنویں

haar

بال

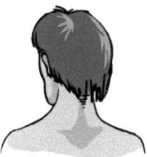

nek

گردن

ziekenhuis

ہسپتال

ہسپتال
ambulance
ایمبولینس
rolstoel
وہیل چیئر
breuk
ہڈی ٹوٹنا

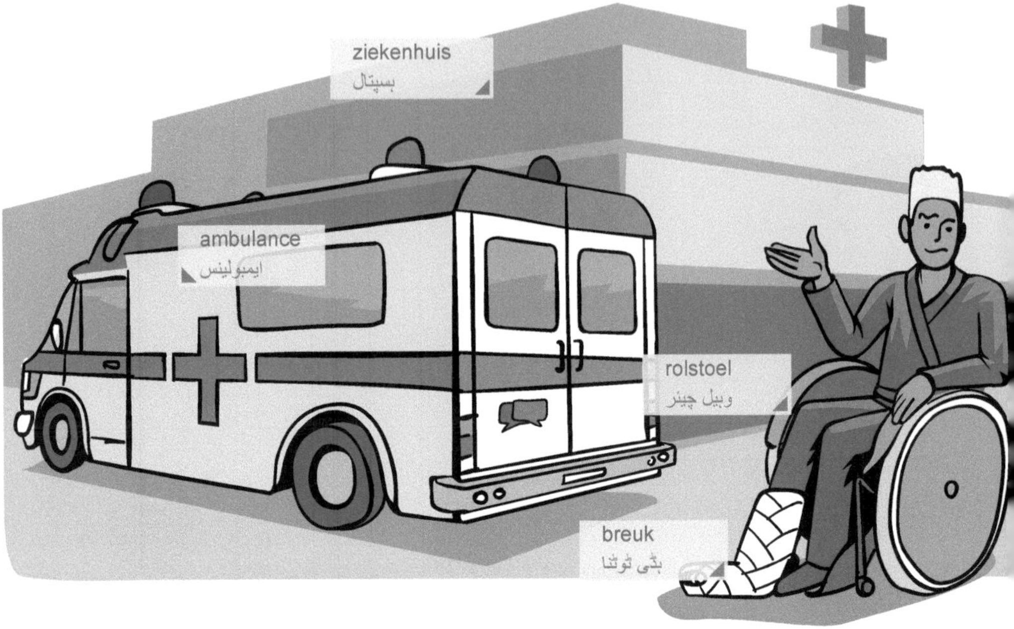

dokter

ڈاکٹر

spoed

ہنگامی کمرہ

verpleegkundige

نرس

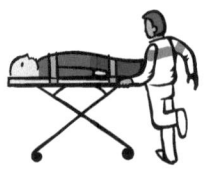

noodgeval

ہنگامی صورتحال

bewusteloos

بےہوش

pijn

درد

verwonding

....

زخم

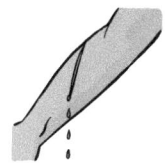

bloeding

....

خون بہنا

hartaanval

....

دل کا دورہ

beroerte

....

فالج

allergie

....

الرجی

hoest

....

کھانسی

koorts

....

بخار

griep

....

زکام

diarree

....

اسہال

hoofdpijn

....

سردرد

kanker

....

کینسر

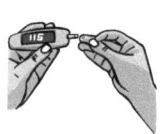

diabetes

....

ذیابیطس

chirurg

....

سرجن

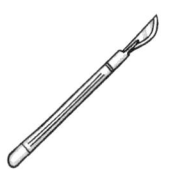

scalpel

....

نشتر

operatie

....

آپریشن

CT

سی ٹی

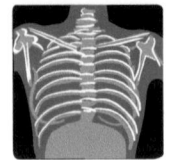

röntgenstraal

ایکس رے

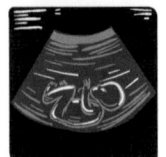

ultrageluid

الٹراساؤنڈ

gezichtsmasker

چہرے کا نقاب

ziekte

بیماری

wachtkamer

انتظارگاہ

kruk

بیساکھی

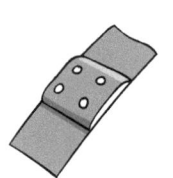

pleister

پلاسٹر

verband

پٹی

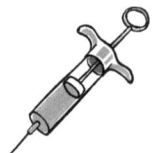

injectie

انجکشن

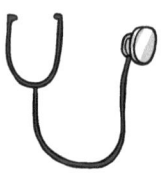

stethoscoop

اسٹیتھواسکوپ

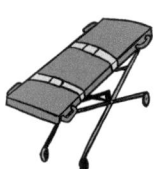

brancard

اسٹریچر

thermometer

مطبی تھرما میٹر

geboorte

پیدائش

overgewicht

حد سےزیادہ وزن

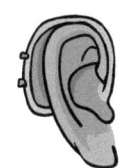

hoorapparaat

آلہ سماعت

ontsmettingsmiddel

جراثیم کش

infectie

انفیکشن

virus

وائرس

HIV / AIDS

ایچ آئی وی/ ایڈز

medicijn

دوا

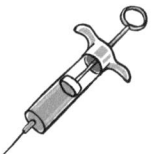

vaccinatie

ویکسی نیشن

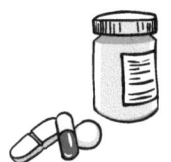

tabletten

گولیاں

pil

گولی

noodoproep

ہنگامی کال

bloeddrukmeter

بلڈ پریشرمانیٹر

ziek / gezond

بیمار / صحتمند

noodgeval
ہنگامی صورتحال

Help!

مدد!

alarm

الارم

overval

مُجرمانہ حملہ

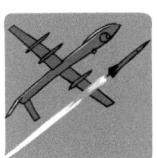

aanval

حملہ

gevaar

خطرہ

nooduitgang

ہنگامی راستہ

Brand!

آگ!

brandblusser

آگ بُجھانےوالہ آلہ

ongeval

حادثہ

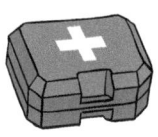

EHBO-kit

ابتدائی طبی امداد کی کٹ

SOS

ایس او ایس

politie

پولیس

Europa

یورپ

Noord-Amerika

شمالی امریکہ

Zuid-Amerika

جنوبی امریکہ

Afrika

افریقہ

Azië

ایشیا

Australië

آسٹریلیا

Atlantische Oceaan

بحراوقیانوس

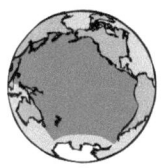

Stille Oceaan

بحرالکاہل

Indische Oceaan

بحرہند

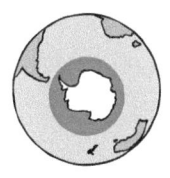

Antarctische Oceaan

بحرقُطب جنوبی

Arctische Oceaan

بحرقُطب شمالی

Noordpool

قُطب شمالی

Zuidpool

قطب جنوبی

Antarctica

انٹارکٹیکا

aarde

زمین

land

زمین

zee

سمندر

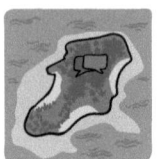

eiland

جزیرہ

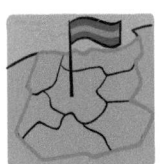

natie

قوم

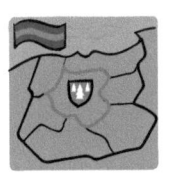

staat

ریاست

wijzerplaat

کلاک کا سامنےکا حصہ

uurwijzer

گھنٹوں والی سوئی

minuutwijzer

منٹوں والی سوئی

secondewijzer

سیکنڈ ہینڈ

Hoe laat is het?

کیا وقت ہوا ہے؟

dag

دن

tijd

وقت

nu

اب

digitale horloge

ڈیجیٹل گھڑی

minuut

منٹ

uur

گھنٹہ

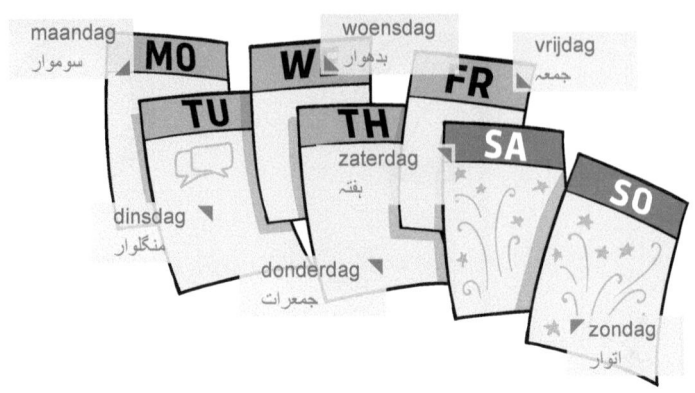

maandag
سوموار

woensdag
بدھوار

vrijdag
جمعہ

MO

W

FR

TU

TH

SA

zaterdag
ہفتہ

SO

dinsdag
منگلوار

donderdag
جمعرات

zondag
اتوار

gisteren

گزرا کل

vandaag

آج

morgen

کل

ochtend

صبح

middag

دوپہر

avond

شام

MO	TU	WE	TH	FR	SA	SU
1	2	3	4	5	6	7
8	9	10	11	12	13	14
15	16	17	18	19	20	21
22	23	24	25	26	27	28
29	30	31	1	2	3	4

werkdagen

کاروباری دن

MO	TU	WE	TH	FR	SA	SU
1	2	3	4	5	6	7
8	9	10	11	12	13	14
15	16	17	18	19	20	21
22	23	24	25	26	27	28
29	30	31	1	2	3	4

weekend

ہفتے کا اختتام

jaar

سال

regen
بارش
regenboog
قوس قزح
wind
ہوا
sneeuw
برف
lente
بہار
herfst
خزاں
zomer
موسم گرما
winter
موسم سرما

4.APRIL 11°
5.APRIL 4°
6.APRIL 13°
7.APRIL 8°
8.APRIL 10°

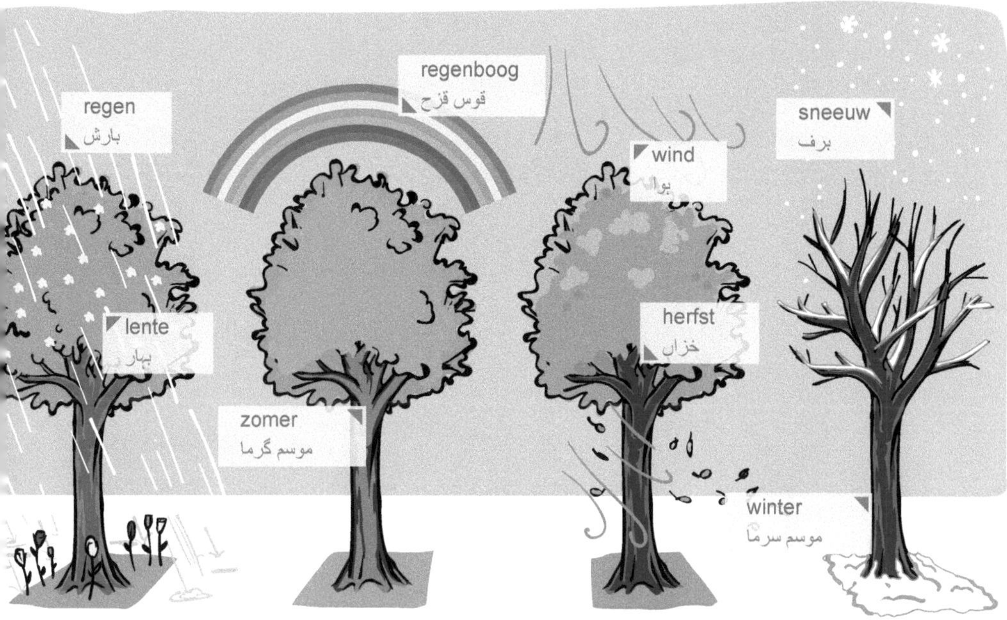

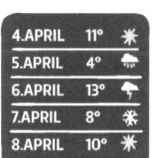

weervoorspelling

موسمی پیش گوئی

F C
120 40
90 30
60 20
30 10
0 0
-30 -10
-20

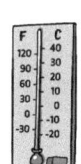

thermometer

تھرما میٹر

zonneschijn

دھوپ

wolk

بادل

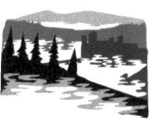

mist

دُھند

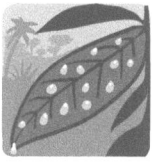

vochtigheid

حبس

bliksem

بجلی کوندھنا

donder

بادلوں کی گرج

storm

طوفان

hagel

ژالہ باری

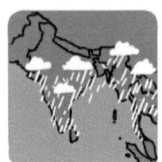

moesson

مون سون

overstroming

سیلاب

ijs

برف

januari

جنوری

februari

فروری

maart

مارچ

april

اپریل

mei

مئی

juni

جون

juli

جولائی

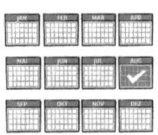

augustus

اگست

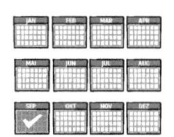

september

ستمبر

oktober

اكتوبر

november

نومبر

december

دسمبر

vormen
اشكال

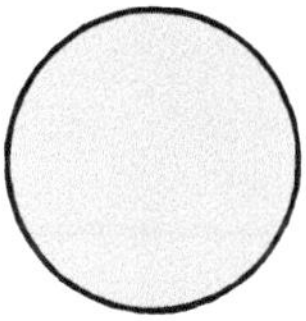

cirkel

دائره

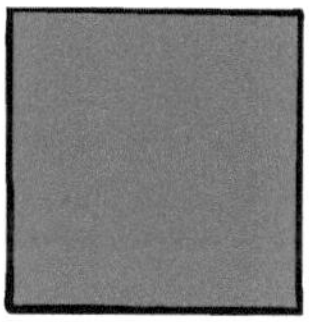

kwadraat

چوكور

rechthoek

مُستطيل

driehoek

تكون

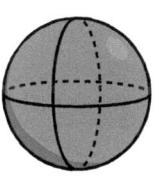

bol

گره

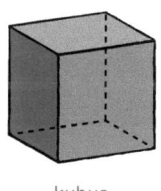

kubus

مكعب

kleuren
رنگ

wit

سفید

geel

پیلا

oranje

نارنجی

roze

گلابی

rood

سُرخ

paars

جامنی

blauw

نیلا

groen

سبز

bruin

بھورا

grijs

مٹیالا

zwart

سیاہ

veel / weinig

بہت زیادہ / بہت کم

boos / kalm

ناراض / پُرسکون

mooi / lelijk

خوبصورت / بدصورت

begin / einde

آغاز / اختتام

groot / klein

بڑا / چھوٹا

licht / donker

روشن / اندھیرا

broer / zus

بھائی / بہن

proper / vuil

صاف / گندا

volledig / onvolledig

مکمل / نامکمل

dag / nacht

دن / رات

dood / levend

زندہ / مُردہ

breed / smal

چوڑا / تنگ

eetbaar / oneetbaar

کھانے کے قابل ہونا / کھانے کے قابل نہ ہونا

kwaadaardig / vriendelijk

بُرا / اچھا

opgewonden / verveeld

پُرجوش / بوریت کا شکار

dik / dun

موٹا / دُبلا

eerst / laatst

پہلا / آخری

vriend / vijand

دوست / دُشمن

vol / leeg

بھرا ہوا / خالی

hard / zacht

سخت / نرم

zwaar / licht

بوجھل / ہلکا

honger / dorst

بھوک / پیاس

ziek / gezond

بیمار / صحتمند

illegaal / legaal

غیرقانونی / قانونی

intelligent / dom

عقلمند / بیوقوف

links / rechts

بائیں / دائیں

dichtbij / veraf

نزدیک / دور

nieuw / gebruikt
....
نیا / پُرانا

niets / iets
....
کچھ نہیں / کچھ ہے

oud / jong
....
بوڑھا / نوجوان

aan / uit
....
آن / آف

open / dicht
....
کُھلا / بند

stil / luid
....
خاموش / بُلند آواز

rijk / arm
....
امیر / غریب

juist / fout
....
ٹھیک / غلط

ruw / glad
....
کھُردرا / ہموار

droevig / blij
....
افسردہ / خوش

kort / lang
....
مُختصر / طویل

traag / snel
....
آہستہ / تیز

nat / droog
....
گیلا / خُشک

warm / koud
....
گرم / ٹھنڈا

oorlog / vrede
....
جنگ / امن

cijfers

اعداد

0

nul

صفر

1

één

ایک

2

twee

دو

3

drie

تین

4

vier

چار

5

vijf

پانچ

6

zes

چھ

7

zeven

سات

8

acht

آٹھ

9

negen

نو

10

tien

دس

11

elf

گیارہ

12

twaalf

باره

13

dertien

تیره

14

veertien

چوده

15

vijftien

پندره

16

zestien

سولہ

17

zeventien

ستره

18

achtien

اٹھاره

19

negentien

اُنیس

20

twintig

بیس

100

honderd

سو

1.000

duizend

ہزار

1.000.000

miljoen

دس لاکھ

Talen
زبانیں

Engels

انگریزی

Amerikaans Engels

امریکی انگریزی

Chinees (Mandarijn)

چینی مینڈارین

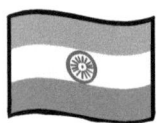

Hindi

ہندی

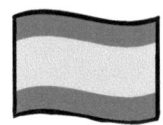

Spaans

ہسپانوی

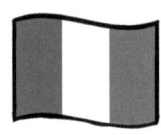

Frans

فرانسیسی

Arabisch

عربی

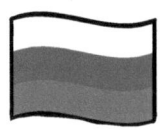

Russisch

روسی

Portugees

پُرتگالی

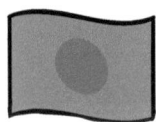

Bengali

بنگالی

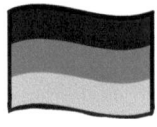

Duits

جرمن

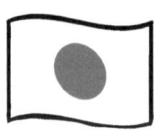

Japans

جاپانی

wie / wat / hoe

کون / کیا / کیسے

ik

میں

u

تم

hij / zij / het

وہ (لڑکا) / وہ (لڑکی) / یہ

wij

ہم

u

تم

ze

وہ

wie?

کون؟

wat?

کیا؟

hoe?

کیسے؟

waar?

کہاں؟

wanneer?

کب؟

naam

نام

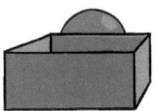

waar

کہاں

achter

پیچھے

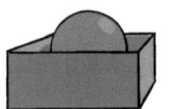

in

میں

voor

کے سامنے

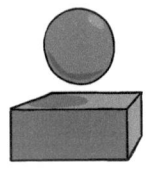

boven

اوپر

op

پر

onder

نیچے

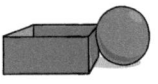

naast

ساتھ

tussen

درمیان

plaats

جگہ